POLIDORI　　　　　CLAIRE　　　　　BYRON

PERCY   MARY   A CRIATURA

DARKLOVE.

MARY WHO WROTE FRANKENSTEIN
Copyright Texto © 2018 Linda Bailey
Copyright Ilustrações © 2018 Júlia Sardà
Mary Wollstonecraft Shelley by Richard Rothwell, c. 1840
© National Portrait Gallery, London.

Design de capa
CS Richardson e John Martz

Publicado em acordo com a Tundra Books, uma divisão da Penguin Random House Canada Limited.

Todos os direitos reservados.

Tradução para a língua portuguesa
© Nilsen Silva, 2020

Diretor Editorial
Christiano Menezes

Diretor Comercial
Chico de Assis

Gerente Comercial
Giselle Leitão

Gerente de Marketing Digital
Mike Ribera

Editoras
Marcia Heloisa
Raquel Moritz

Editora Assistente
Nilsen Silva

Adaptação de Capa
Retina 78

Coordenador de Arte
Arthur Moraes

Designers Assistentes
Aline Martins / Sem Serifa
Sergio Chaves

Finalização
Sandro Tagliamento

Revisão
Isadora Torres
Amanda Mendes
Retina Conteúdo

Impressão e acabamento
Ipsis Gráfica

DADOS INTERNACIONAIS DE CATALOGAÇÃO NA PUBLICAÇÃO (CIP)
Angélica Ilacqua CRB-8/7057

Bailey, Linda
  Ela e o monstro / Linda Bailey; ilustrações de Júlia Sardà; tradução de Nilsen Silva. — Rio de Janeiro : DarkSide Books, 2020.
  56 p. : il.

ISBN: 978-85-9454-101-7
Título original: Mary Who Wrote Frankenstein

1. Literatura infantojuvenil 2. Shelley, Mary Wollstonecraft, — 1797--1851 — Literatura infantojuvenil 3. Shelley, Mary Wollstonecraft, 1797-1851. Frankenstein — Literatura infantojuvenil I. Título II. Sardà, Júlia III. Silva, Nilsen

20-1348   CDD 028.5

Índices para catálogo sistemático:

1. Literatura infantojuvenil

[2020]
Todos os direitos desta edição reservados à
DarkSide® Entretenimento LTDA.
Rua Alcântara Machado, 36, sala 601, Centro
20081-010 — Rio de Janeiro — RJ — Brasil
www.darksidebooks.com

ESCRITO *por*
Linda Bailey

ILUSTRADO *por*
Júlia Sardà

TRADUZIDO *por*
Nilsen Silva

ELA&
O MONSTRO

MARY SHELLEY & FRANKENSTEIN

DARKSIDE

Como começa uma história?

Às vezes, com um sonho.

Aqui está Mary. Ela é uma sonhadora. O tipo de garota que anda sozinha, que observa as nuvens, que imagina o que nunca existiu. Mary tem um nome para seus devaneios: os chama de "castelos de vento".

Mary também ama histórias. Ela tenta escrever histórias como aquelas que gosta de ler, mas as que vê em seus sonhos são mais empolgantes do que qualquer outra.

E para onde ela vai quando quer ler e sonhar?
Vai até o cemitério e se senta no túmulo de sua mãe.

A mãe de Mary era uma pensadora e tanto e escreveu livros para dizer que as mulheres deveriam ter os mesmos direitos que os homens. Ela morreu quando Mary tinha apenas onze dias de vida.

Será que podemos sentir falta de quem nunca conhecemos?

Mary sente.

O pai de Mary também é um pensador e a ensinou a ler guiando seus dedos pelas letras gravadas no túmulo de sua mãe. Mary ama o pai, mas, às vezes, ele é severo e durão. E quando se aborrece com a filha, ele fica distante e quieto… até ela começar a chorar.

Não demorou muito para ele se casar outra vez.

Mary não gosta da nova esposa do pai. A nova esposa do pai também não gosta de Mary.

Pessoas famosas visitam a casa deles em Londres.
Filósofos, artistas, cientistas, escritores.

Certa noite, em uma festa, o escritor Samuel Taylor Coleridge recita um poema estranho e assustador chamado "A Balada do Velho Marinheiro". Mary *adora* poemas como esse, mas a mandaram direto para a cama.

Ela quer tanto escutar que se esconde atrás do sofá. Ela e sua meia-irmã tremem de medo com a história arrepiante sobre um navio cheio de fantasmas.

Pelo resto da vida, Mary se lembrará dessa noite. E *nunca* esquecerá aquele poema.

Mary está zangada e triste em casa, e nem disfarça.
Ao completar catorze anos de idade, ela se transforma em um Grande Problema. Seu pai a envia para a Escócia, para morar com uma família de desconhecidos.

A família é gentil, e Mary gosta deles. Ao vagar pelas colinas áridas, ela pode deixar sua imaginação correr solta. Mas, aos dezesseis anos, quando volta para sua família, ela ainda é um Grande Problema.

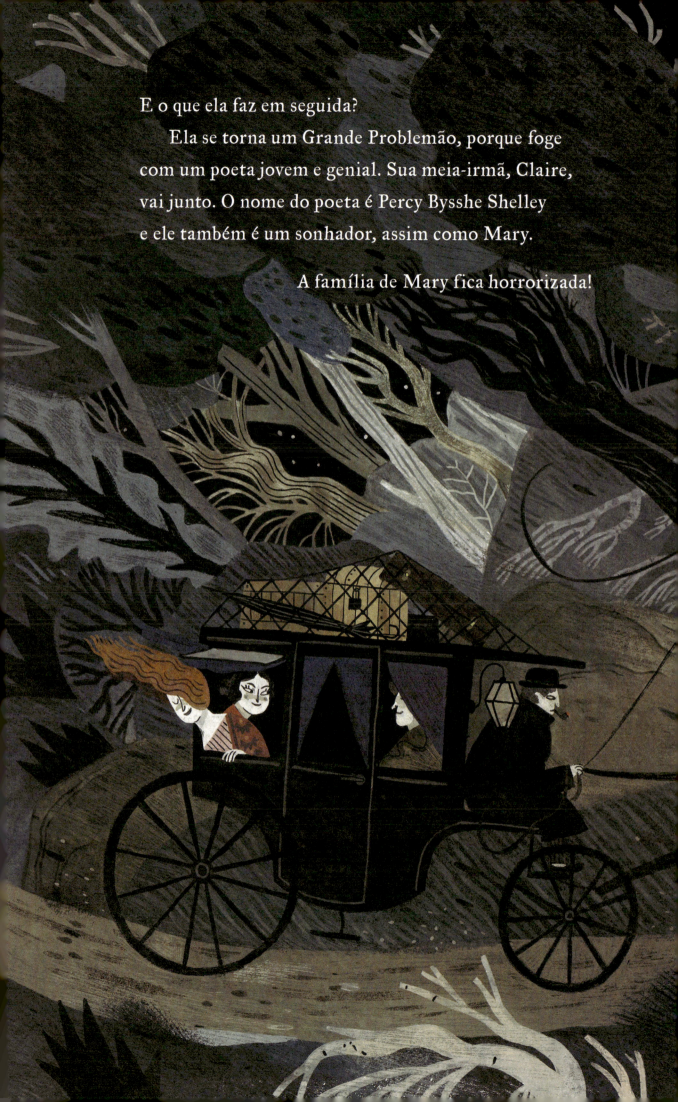

E o que ela faz em seguida?

    Ela se torna um Grande Problemão, porque foge com um poeta jovem e genial. Sua meia-irmã, Claire, vai junto. O nome do poeta é Percy Bysshe Shelley e ele também é um sonhador, assim como Mary.

    A família de Mary fica horrorizada!

Com pouco dinheiro, os jovens viajam pela Europa montados em cavalos e burros, e a pé. Também navegam de barco pelo rio Reno. Um dia, atracam perto de um castelo em ruínas, que tem o nome de Castelo Frankenstein.

Um nome tão curioso!

Será que ele gruda na cabeça de Mary?

Mas é na próxima viagem que fazem juntos, dezoito meses depois, que as coisas ficam *muito* interessantes. Nessa viagem, Mary, Percy e Claire viajam para a Suíça, onde ficam amigos de um conhecido poeta.

Lord Byron é o poeta mais famoso do mundo. (Também é conhecido por ser bem bonitão.) Ele está hospedado em uma bela casa junto ao lago Léman, e em dias frescos de primavera, eles todos podem velejar!

Mas o verão traz tempestades misteriosas.
Nuvens escuras estrondam e se agitam.
Uma noite, a tempestade mais forte
de todas chega: relâmpagos rasgam o céu
e trovões fazem bum! E a chuva chicoteia
a casa ao lado do lago.

Dentro da casa, cinco pessoas se sentam perto da lareira: duas senhoritas, dois poetas e um médico.

O médico é amigo de Lord Byron. Seu nome é John Polidori, e ele adora escrever.

O que pessoas como essas podem fazer em uma noite de tempestade?

Apenas uma coisa.

É uma noite perfeita para...

Histórias de fantasmas!

Lord Byron abre um livro de histórias macabras chamado *Fantasmagoriana*. Sob a luz trêmula do fogo, começa a ler.

Enquanto os outros escutam, suas bocas ficam secas, seus couros cabeludos pinicam, seus cabelos ficam em pé. Eles quase podem ver as aparições fantasmagóricas dançando nas paredes.

Esse é o poder de uma história de fantasmas em uma noite de tempestade.

Agora, lembre-se de quem está no cômodo. Dois poetas geniais, sendo que um deles é famoso, um médico e duas jovens senhoritas.

Mary tem apenas dezoito anos de idade.

E o que acontece em seguida? Bem, de acordo com Mary...

Percy e Lord Byron começam a escrever suas histórias imediatamente, assim como Polidori.

"Você teve uma ideia?", eles perguntam a Mary.

"Não", ela responde.

Todos os dias, eles repetem a pergunta.

"Você já pensou em uma história?"

"Não", ela diz.

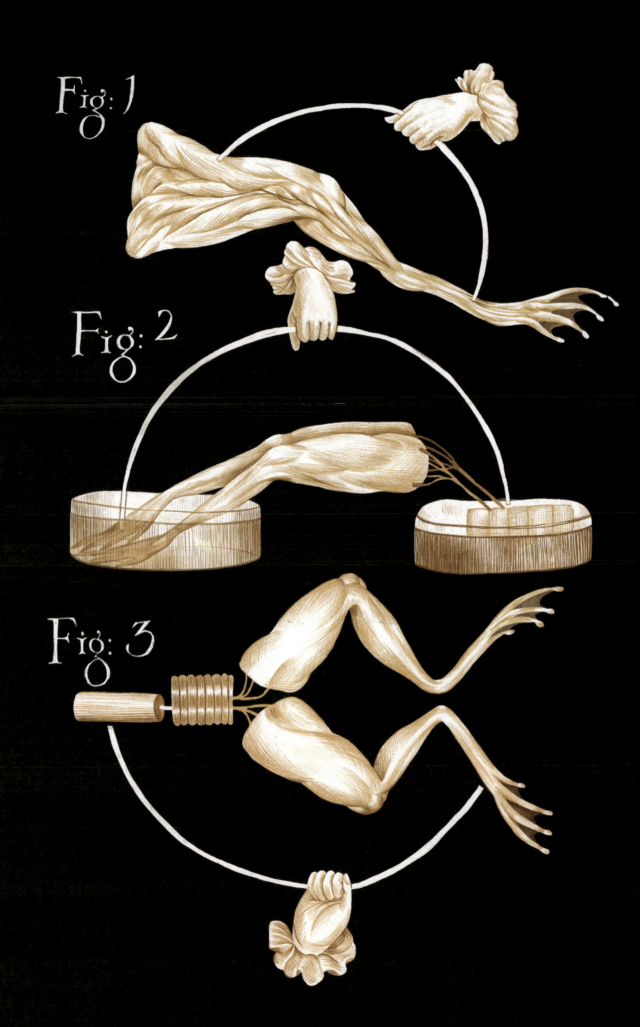

Percy e Lord Byron ficam entediados e param de escrever. Em vez disso, começam a planejar uma viagem para velejar no lago. E, certa noite, eles conversam — como têm conversado durante todo o verão — sobre novas descobertas científicas. Experimentos empolgantes! A eletricidade pode fazer os músculos de um sapo morto se contraírem. Será que também poderia trazer uma criatura morta de volta à vida?

A ideia é eletrizante e assustadora.

Mary escuta a conversa. Mais tarde, ela vai para a cama, mas não consegue pegar no sono. Em vez disso, naquele momento estranho e desorientado entre estar acordada e dormindo, ela tem uma espécie de devaneio. Mary vê um monstro abominável, feito de partes de corpos mortos, todo esticado — e de volta à vida! O cientista que criou o monstro fica tão apavorado com o que fez que sai correndo.

Mary abre os olhos, cheia de medo. Ela tenta esquecer o que imaginou, tenta pensar em uma história de fantasma.

E então, em um ímpeto de entusiasmo, ela entende. *Encontrou* sua história de fantasma! O monstro que volta à vida. *Essa* é a história que vai escrever. Finalmente, ela tem uma ideia só dela.

Na manhã seguinte, Mary se acomoda e escreve as seguintes palavras:

"Foi numa noite lúgubre de novembro…"

Frankenstein começava a ser escrito.

Mais nove meses de devaneios e escrita se passam até que Mary termine a história. Duas editoras não querem publicá-la, mas uma terceira finalmente concorda em transformar a história em livro.

As primeiras pessoas que leem *Frankenstein* têm certeza de que o livro foi escrito por Percy Shelley. Elas não acreditam que a jovem Mary poderia ter feito tal coisa! Como uma garota como ela inventaria uma história daquelas?

Mas talvez *você* saiba.

Ela escreveu uma história de terror sobre um cientista
chamado Victor Frankenstein que trouxe uma criatura
morta de volta à vida e então ficou apavorado
com o que tinha feito.

História de terror, Frankenstein, criatura morta,
evolução científica. De onde vieram essas ideias?
E como tudo isso se juntou e se tornou uma coisa só?

Na imaginação de uma escritora.

Em um sonho.

Escritores sonham com histórias,
acordados e adormecidos.

Mais de duzentos anos se passaram desde
aquela noite junto ao lago e hoje as pessoas
conhecem o livro de Mary em todos os lugares
do mundo. Ele se tornou uma lenda! Talvez
seja a história de terror mais assustadora
de todos os tempos.

E agora você sabe como tudo começou...

Tudo começou com uma garota chamada Mary.
Ela gostava de sonhar e imaginar.

E ela se tornou tão grande
quanto sua criação.

Muitas histórias dentro da história
— Nota da autora —

Mary Shelley [1797-1851] escreveu seu extraordinário romance *Frankenstein; ou O Prometeu Moderno* quando tinha apenas dezoito anos de idade. Seu livro foi impressionante, mas a história de como ela o escreveu talvez seja ainda mais admirável.

Essa história-por-trás-da-história foi contada pela própria Mary na "Introdução da Autora" escrita em 1831, treze anos após a primeira publicação do livro. Mary queria explicar as origens do romance para que pudesse responder a uma pergunta que vivia recebendo: "Como eu, na ocasião uma jovem, vim a conceber e narrar minuciosamente uma ideia tão horrível?". Em sua introdução, ela descreveu não apenas o processo criativo da escrita de *Frankenstein*, mas também sua imaginação quando jovem e adolescente. É uma leitura fascinante.

Quando reli essa introdução, há alguns anos, me perguntei se poderia transformá-la em um livro infantil — e conforme comecei a explorar as muitas e excelentes biografias adultas de Mary Shelley que surgiram nos últimos anos, eu me vi rapidamente fascinada. A vida de Mary, fosse por escolha ou acaso, foi rica em tragédias. Esteve repleta dos temas poderosos que são escritos e reescritos na ficção.

Eu descobri, na verdade, que havia *muitas* histórias dentro da história da vida e da criatividade de Mary.

Uma delas é a história de uma criança sem mãe. A mãe de Mary, que se chamava Mary Wollstonecraft, foi uma das primeiras heroínas do feminismo e a ilustre autora de *Reivindicação dos Direitos da Mulher*. Ela morreu onze dias depois do nascimento de Mary. O pai de Mary, o filósofo William Godwin, casou-se novamente após o falecimento da esposa, mas o amor e a lealdade da pequena Mary sempre foram reservados para a mãe que ela nunca conheceu.

Outro fio que costurou a vida de Mary foi sua intensa imaginação. Ao longo de sua infância, o refúgio da menina contra a infelicidade foi uma animada vida de fantasias. Quando criança, ela "rabiscava" e deixava-se levar ao "sonhar acordada". Como uma adolescente na desoladora costa escocesa, ela escapava para "voos de imaginação" e "povoava suas horas" com seres que ela mesma criava.

E, é claro, a história de Mary é também uma história de amor — cheia de paixão, rebeldia, sacrifício e perda. Do início ao fim, seu relacionamento com o poeta Percy Bysshe Shelley [com quem ela se casou em 1816] foi tumultuado e constantemente penoso. Ainda assim, também foi muito enriquecedor. Como escritores, Mary e Percy inspiravam-se um no outro, e ele foi editor e agente literário de Mary para o manuscrito de *Frankenstein*.

Infelizmente, a vida de Mary também foi uma história de pessoas que morreram cedo demais, pois foram muitas as mortes prematuras. Sua mãe, é claro, mas também seus filhos. Ela e Percy tiveram quatro filhos juntos, e, inclusive, um bebê estava com eles no lago Léman, sob os cuidados de uma babá suíça. Todas essas crianças, com exceção da mais nova, morreram tragicamente ainda na infância. Entre as pessoas que faleceram cedo demais também estavam os colegas de Mary que participaram daquela noite de histórias de fantasmas. Aos 29 anos, Percy Bysshe Shelley morreu afogado em um acidente com um veleiro, Lord Byron morreu de febre aos 36 anos na guerra pela independência da Grécia e John Polidori cometeu suicídio aos 25 anos. Apenas as duas mulheres, Mary e Claire, viveram até a meia-idade.

Para os leitores de *Frankenstein*, é claro, a história mais envolvente sobre Mary diz respeito à sua criatividade literária — a fábula de uma noite inspiradora com histórias assombrosas, que levou ao desafio de Lord Byron e à participação de Mary. É uma história tão boa — será que ela

é boa demais para ser totalmente verdade? Alguns estudiosos apontam discrepâncias na introdução de 1831 de Mary com outros relatos daquela época. [Infelizmente, restam poucas evidências confiáveis.] É possível que, depois de treze anos, Mary tenha se esquecido dos detalhes. Também é possível que Mary, uma brilhante autora de ficção, possa ter feito uma edição criteriosa para criar uma história ainda mais dramática. [Ela definitivamente cortou do texto sua meia-irmã Claire, uma constante fonte de tensão em sua vida.]

Mas se os detalhes são confusos, a história da origem de *Frankenstein* soa grandiosa e verdadeira, ao menos para mim, em termos de processo de escrita. Mary conta como, após um lento começo, ela se flagrou uma noite — prestes a adormecer — diante de uma imagem poderosa. Uma visão? Um pesadelo? Ou talvez simplesmente uma versão mais adulta dos "devaneios" que ela teve durante toda a infância? Com os olhos fechados, ela viu uma sucessão de imagens vívidas, horríveis. Aquela visão — a de um cientista encarando uma "criatura" que foi montada a partir de partes de corpos mortos e que agora voltava à vida — chocou-a profundamente.

Seu choque, por sua vez, não foi *tão* profundo assim a ponto de ela não enxergar, rapidamente, as possibilidades da história. Recordando-se do desafio de Lord Byron, ela entendeu que aquela — *aquela!* — era sua história de fantasma e começou a conceber um conto sobre aqueles personagens.

Para alguns, a estranha visão de Mary pode soar como magia. Escritores de ficção, no entanto, reconhecem facilmente a experiência que ela descreveu — aquele estado de transe em que os personagens parecem simplesmente brotar e a história meio que se conta sozinha. Autores de ficção também conhecem o "caos", como Mary o chamava, de fontes que alimentam um livro em desenvolvimento — no caso dela,

a lenda de Prometeu, discussões sobre galvanismo (que é gerar eletricidade colocando metais diferentes em contato com um condutor elétrico), folclore, romances góticos, um castelo na Alemanha, uma longa caminhada em uma geleira nos Alpes, o poema "A Balada do Velho Marinheiro", de Samuel Taylor Coleridge, e, de forma mais genérica, o eterno hábito de ler voraz e intensamente.

Mary levou nove meses de trabalho árduo e disciplinado para concluir o primeiro rascunho.

Frankenstein foi publicado em 1818. Após um começo modesto, o livro obteve grande sucesso, em parte por causa da popularidade das produções teatrais inspiradas pela história. Essas peças, como boa parte dos filmes que a sucederam, alteraram e simplificaram a história original.

Mas o livro prosperou e durou, e a criação de Mary acabou se tornando um ponto de ruptura criativo — e até mesmo o início de um novo gênero. *Frankenstein; ou O Prometeu Moderno* é considerado por muitos o primeiro romance de ficção científica.

Por fim, uma observação — dessa vez, em relação à história de Polidori. O médico de Lord Byron também tinha ambições literárias. Ele foi o único membro do grupo, com exceção de Mary, que de fato finalizou e publicou uma história como consequência do famoso desafio. Inspirado por um trecho da escrita de Lord Byron, Polidori escreveu uma história chamada *O Vampiro*. Não era uma história muito boa, mas sua imagem de um vampiro aristocrata e do Romantismo contribuiu para, mais tarde, inspirar uma história de vampiros ainda melhor — *Drácula*, de Bram Stoker. É possível, portanto, que a noite que inspirou o maior monstro da ficção científica também tenha ajudado a inspirar o maior vampiro do horror.

Não é de se admirar que tantos leitores, com o passar dos anos, fiquem fascinados. Uma noite escura e tempestuosa, cinco mentes brilhantes, jovens e não convencionais — e uma das mais cativantes histórias sobre a criatividade literária que já foram contadas.

No centro disso tudo estava Mary Shelley. Ela tinha apenas dezoito anos de idade, e escreveu *Frankenstein*.

FONTES DE VIDA

Darrow, Sharon. *Through the Tempests Dark and Wild: A Story of Mary Shelley, Creator of Frankenstein*. Cambridge, MA: Candlewick Press, 2003.

Gordon, Charlotte. *Mulheres Extraordinárias: As Criadoras e a Criatura*. Rio de Janeiro: DarkSide Books, 2020. Trad. Giovanna Louise Libralon.

Hay, Daisy. *Young Romantics: The Shelleys, Byron and Other Tangled Lives*. Londres: Bloomsbury, 2010.

Holmes, Richard. *The Age of Wonder: How the Romantic Generation Discovered the Beauty and Terror of Science*. Londres: HarperPress, 2008.

Hoobler, Dorothy and Thomas. *The Monsters: Mary Shelley and the Curse of Frankenstein*. Nova York: Little Brown, 2006.

Montillo, Roseanne. *The Lady and Her Monsters: A Tale of Dissections, Real-Life Dr. Frankensteins, and the Creation of Mary Shelley's Masterpiece*. Nova York: William Morrow, 2013.

Seymour, Miranda. *Mary Shelley*. Londres: John Murray, 2000.

Shelley, Mary. *Frankenstein; ou O Prometeu Moderno*. Rio de Janeiro: DarkSide Books, 2016. Trad. Márcia Xavier de Brito.

_____. *Selected Letters of Mary Wollstonecraft Shelley*. Ed. Betty T. Bennett. Baltimore: John Hopkins University Press, 1995.

Spark, Muriel. *Mary Shelley: A Biography*. Manchester: Carcanet, 2013. Inicialmente publicado em 1988 pela Constable and Company.

Stott, Andrew McConnell. *The Vampyre Family: Passion, Envy and the Curse of Byron*. Edimburgo: Canongate, 2013. (Também disponível como *The Poet and the Vampyre: The Curse of Byron and the Birth of Literature's Greatest Monsters*. Nova York: Pegasus Books, 2014.)

Sunstein, Emily W. *Mary Shelley: Romance and Reality*. Boston: Little Brown, 1989.

Todd, Janet M. *Death and the Maidens: Fanny Wollstonecraft and t he Shelley Circle*. Berkeley, CA: Counterpoint, 2007.

*

Ilustração de paisagem de rua da era georgiana em Londres, na Inglaterra: baseada em uma gravura de Somers Town, de 1850, por Joseph Swain.

Imagem que acompanha a Nota da autora: *Mary Wollstonecraft Shelley*, por Richard Rothwell, c. 1840 © National Portrait Gallery, London.

Para as crianças que amam
devanear e imaginar.
— L.B.

Para Tara Walker.
— J.S.

AGRADECIMENTOS

Sou muito grata pela ajuda da dra. Maggie Kilgour, professora de Língua Inglesa e Literatura na Universidade McGill, em Montreal, que gentilmente avaliou este livro e forneceu conselhos inestimáveis e percepções cuidadosas. Quaisquer erros, omissões ou imprecisões são de minha autoria.

Um enorme agradecimento para a incomparável Tara Walker por trazer sua excelência editorial para este livro — e mais muitos agradecimentos à maravilhosa equipe da Tundra Books, especialmente Margot Blankier, Liz Kribs, John Martz e Peter Phillips.

— Linda Bailey

LINDA BAILEY nasceu em Winnipeg, no Canadá, e sempre esteve rodeada de livros. Aos 20 anos de idade, viajou pelo mundo de navio e trabalhou na Inglaterra e Austrália. Formou-se na Universidade de British Columbia, em Vancouver, cidade onde vive até hoje. Começou a escrever depois de ter as duas filhas, que amavam ouvir histórias e inventar brincadeiras. Hoje é autora de mais de 35 livros.

JÚLIA SARDÀ nasceu em Barcelona, na Espanha, e mora lá até hoje. Trabalhou como colorista em um estúdio que atendia a Disney/Pixar e atuou por conta própria depois dessa experiência. Seu portfólio inclui inúmeras obras infantis, dentre as quais se destacam *Alice no País das Maravilhas*, *O Mágico de Oz* e *A Fantástica Fábrica de Chocolate*.

DARKLOVE.